Jennifer López

Judith O'Hare

Hodder & Stoughton

A MEMBER OF THE HODDER HEADLINE GROUP

Acknowledgements
Cover photo: © Dave Hogan/Rex
Photos: p. 3 © All Action
p. 6 © Ronald Wittek/Rex
p. 9 © Ken McKay/Rex
p. 10 © 20th Century Fox/Everett Collection/Rex
p. 13 © Everett Collection/Rex
p. 18 © Alex Berliner/BEI/Rex

All efforts have been made to contact copyright holders. In the few cases where copyright holders could not be traced, due acknowledgement will be given in future reprints if the copyright holders make themselves known to the publishers.

Orders: please contact Bookpoint Ltd, 130 Milton Park, Abingdon, Oxon OX14 4SB. Telephone: (44) 01235 827720, Fax: (44) 01235 400454. Lines are open from 9.00–6.00, Monday to Saturday, with a 24 hour message answering service. You can also order through our website at www.hodderheadline.co.uk.

British Library Cataloguing in Publication Data
A catalogue record for this title is available from The British Library

ISBN 0 340 812222

First published 2003
Impression number   10 9 8 7 6 5 4 3 2 1
Year   2006 2005 2004 2003

Copyright © 2003 Judith O'Hare

All rights reserved. No part of this publication may be reproduced or transmitted in any form or by any means, electronic or mechanical, including photocopy, recording, or any information storage and retrieval system, without permission in writing from the publisher or under licence from the Copyright Licensing Agency Limited. Further details of such licences (for reprographic reproduction) may be obtained from the Copyright Licensing Agency Limited, of 90 Tottenham Court Road, London W1T 4LP.

Typeset by Fakenham Photosetting Ltd, Fakenham, Norfolk.
Printed in Great Britain for Hodder & Stoughton Educational, 338 Euston Road, London NW1 3BH by Hobbs The Printers Ltd, Totton, Hampshire.

Contenidos

	Página
1. Orígenes	1
2. El camino hacia la fama	7
3. El triunfo y el éxito	12
4. El amor y el matrimonio	15

What do you know about Jennifer López?

- How did she get into acting?
- What is her nickname and why?
- Can you name three of her greatest achievements?

Read on . . .

1. Orígenes

Nombre:	Jennifer López
Fecha de nacimiento:	el 24 de julio de 1970
Lugar de nacimiento:	Ponce, Puerto Rico

Hoy Jennifer es una cantante famosa,
y también una actriz importante.
Es una gran estrella.

Ha cumplido su ambición.

Para tener éxito
hay que esforzarse mucho.
Jennifer es muy inteligente.
Es muy paciente.
Es valiente y trabajadora.
Es muy guapa.
Hace muy bien.

---

estrella – star *ha cumplido – has achieved*
tener éxito – to be successful *esforzarse – make an effort*

Jennifer nace en Puerto Rico.
Su padre David trabaja en informática.
Su madre, Guadalupe,
es maestra en una guardería.

Tiene dos hermanas.
Se llaman Leslie y Lynda.
Leslie, la mayor, es profesora de música.
Lynda, la menor, es pinchadiscos.

Jennifer vive con su hermana menor.

Jennifer tiene una forma física muy femenina.
Su apodo entre su familia y amigos
es 'la guitarra'.

Cuando tiene tres años,
su familia se muda a Nueva York.
Encuentran una casa en el Bronx.

---

guardería – nursery   pinchadiscos – DJ   apodo – nickname
se muda – moves house

La joven Jennifer

En Puerto Rico la vida es buena.
Es segura.

En Nueva York la vida es dura.
En el Bronx la vida es peligrosa y violenta.

Jennifer y sus hermanas
no pueden jugar afuera.
Nunca salen.
Estar dentro de casa es aburrido.
Necesitan algo que hacer.

Cuando no hay colegio,
la madre de Jennifer juega con ellas.
Les escribe obras.
Canta canciones con ellas.
Les enseña a bailar.
A Jennifer le encanta bailar.

segura – safe   *peligrosa – dangerous*   *necesitan – need*
obras – plays

Cuando su padre vuelve del trabajo,
las niñas actúan para él.
Son felices.
La vida es buena.

A Jennifer le encanta el tiempo
que pasa con su madre.
Pero cuando cumple 5 años
necesita algo más.

Su madre busca una escuela de baile.
Jennifer empieza clases de baile.
Aprende claqué, rock, clásico y ballet.

Cuando Jennifer tiene 7 años,
su academia de baile organiza
unos espectáculos por Nueva York.
Jennifer actúa en ellos.

Es su primera gira.
A Jennifer le encanta cada minuto.

---

actúan – act   *busca – looks for*   *claqué – tap dancing*
espectáculos – shows   *gira – tour*

Le encanta el mundo del espectáculo

2. El camino hacia la fama

Durante sus años escolares
Jennifer sigue bailando.
Cada vez más desea una carrera
en el mundo del espectáculo.

Participa en espectáculos.
Viaja con la academia.
Tiene papeles que
le llevan por el mundo entero.

Viaja a Europa con una obra musical.
Se llama *Golden Musicals of Broadway*.

Viaja por los Estados Unidos con
Oklahoma y *Jesus Christ Superstar*.

Cuando tiene 16 años
tiene su primera oportunidad.
Le ofrecen un papel en la película *My Little Girl*.

Desafortunadamente no cumplen la oferta.

mundo del espectáculo – show business　　*papeles – parts*
cumplen – honour

Jennifer vuelve al colegio.
Se matricula en el Colegio Baruch de Nueva York.
Sus padres quieren que sea abogada.

Asiste a clases.
Trabaja en una oficina de abogados.

El baile siempre es su obsesión.
Sigue con clases de baile por las tardes.

Jennifer quiere dejar el derecho.
Su madre tiene otras ideas.
Dice "Si vives en mi casa sigues mis reglas".

Jennifer se va de casa.
Deja el colegio.
Sigue con el baile.
Su vida es dura pero quiere tener éxito.

---

se matricula – enrols　　*abogada – lawyer*　　*derecho – law*
sigues – follow　　*tener éxito – to be successful*

Jennifer cantando y bailando

Jennifer tiene un papel en *In Living Color*

Jennifer hace muchas pruebas
pero sin suerte.
Está al borde de un ataque de nervios.
Tiene la oportunidad de ir a Japón con la obra *Synchronicity*.
Acepta con muchas ganas.

El año antes de su viaje a Japón,
hace una prueba para *In Living Color*.

La rechazan.

A la vuelta de Japón
le piden que haga otra prueba.
Esta vez le ofrecen un papel.

Se muda a Hollywood
para seguir su destino.

al borde de – on the edge of   *prueba – audition*
la rechazan – they reject her

3. El triunfo y el éxito

Jennifer no lo pasa bien con esta obra.
Está desesperada por tener éxito.
Trabaja mucho.

Graba su primer álbum.
Se llama *On the Six*.
Seis es el número del metro
que va hasta el Bronx.

Recibe cada vez
más contratos para películas.
Actúa con famosos como
George Clooney en *Out of Sight*.
También actúa con Robin Williams y Jack Nicholson.
Sigue con sus sueños.

Selena es un éxito de taquillas.
Para Jennifer es su sueño
hecho realidad.
Es la protagonista.

---

no lo pasa bien – doesn't enjoy   desesperada – desperate
sueños – dreams   taquillas – box office   la protagonista – lead role

Jennifer en *Out of Sight*

En la película es asesinada
por el presidente de su club de fans.

El papel le da la oportunidad
para demostrar su talento.
Destaca como actriz y como bailarina.
Nunca ha dado vuelta atrás.

Otras películas suyas son
The Cell, The Wedding Planner
y *Maid in Manhattan*.

Hasta ha trabajado para Disney.
Contribuyó en la película de animación *Antz*.

Ha tenido contratos de grabación.
Ha recibido muchos premios.

Los ha recibido por cantar y por bailar.
Le han llamado la nueva Gloria Estefan.

Es la cara de L'Oreal.
El futuro tiene buen aspecto.

---

asesinada – assassinated   demostrar – show off   destaca – stands out
contratos de grabación – recording contracts   premios – awards

4. El amor y el matrimonio

La vida amorosa de Jennifer
es bien discutida.

Su primera relación es con David Cruz.
Le conoce cuando tiene 15 años.
Se casan cuando tiene 17 años.
Permanecen juntos durante 10 años.
El matrimonio termina con el divorcio.

Ella quiere una carrera pública.
El quiere seguir
con su negocio de tintorería.
No funciona.

se casan – get married   *permanecen – stay together*
negocio de tintorería – dry-cleaning business   *no funciona – it doesn't work out*

En 1997 su entonces novio, Ojani Noa,
le propone el matrimonio por micrófono.
Está en una fiesta.
Ojani es camarero.

Tiene un anillo de diamantes para ella.
Acepta.
Se casan.
Están enamorados.
El matrimonio dura un año.

En 1999 está relacionada
con Sean "Puffy" Combs.
Jennifer no dice nada.

A Puffy le llevan a juicio
por poseer una pistola y por chantaje.
Es muy difícil para Jennifer.
Como siempre, no dice nada.

---

entonces – current　　*le propone – proposes*　　*anillo – ring*
enamorados – in love　　*le llevan a juicio – is taken to court*　　*chantaje – blackmail*

Más tarde ese año
es asociada con Cris Judd.
Cris es muy guapo.
Es bailarín en uno de sus vídeos.
Jennifer tampoco dice nada.

La han asociada con Enrique Iglesias
y con Ricky Martin.
¿Quién sabe cuál es la verdad?
Tiene muchísimos seguidores.

Jennifer se dedica al cien por cien a su trabajo.
De momento vive con su hermana en Nueva York.
Decidirá su propio futuro.

---

la verdad – the truth *seguidores – fans* *cien por cien – 100%*
propio – own

Jennifer con Ben Affleck

En 2002 Jennifer conoce
a Ben Affleck.
El es el protagonista
de la película *Daredevil*.

Daredevil es una película de acción.
A Jennifer
le encantan las películas de acción.

Jennifer y Ben tienen mucho en común.
Están enamorados.
Deciden casarse.

Pero en 2003 hay problemas en la relación.
¡Pobre Jennifer!

Jennifer quiere tener una familia.
De momento
su carrera es más importante.

---

conoce a – meets   *el protagonista – leading role*
hay problemas – there are problems   *relación – relationship*

Jennifer dice que para lograr tus sueños,
hay que enfocarse y trabajar mucho.

Jennifer tiene muchas cualidades.
Sabe lo que quiere y
está dispuesta a luchar por ello.

Ahora es conocida
por el diminutivo J.Lo.
Ha sacado un perfume
y unas prendas con el nombre.

Es muy independiente.
Le gusta hacer las cosas ella misma.
Cree en sí misma y
no hace caso de la prensa.
Así no se ofende.

Ya veremos lo que le espera en el futuro.

lograr – *attain*   *enfocarse* – *focus*   *luchar* – *to fight*
prendas – *clothes*   *no hace caso de* – *takes no notice of*   *la prensa* – *the press*